PLANCHES

POUR LE TROISIEME VOLUME

DU COURS D'ARCHITECTURE,

Qui contient

Les Leçons données en 1750, & les années suivantes, par J. F. Blondel Architecte, dans son École des Arts.

A PARIS,

Chez la Veuve Desaint, Libraire, rue du Foin-S.-Jacques.

M. DCC LXXIII.

Avec Approbation, & Privilége du Roi

LICENCES ET ABUS DE L'ART, CONCERNANT L'APLICATION DES PI-
LASTRES ET DES COLONNES DANS LA DECORATION DES BATIMENS.

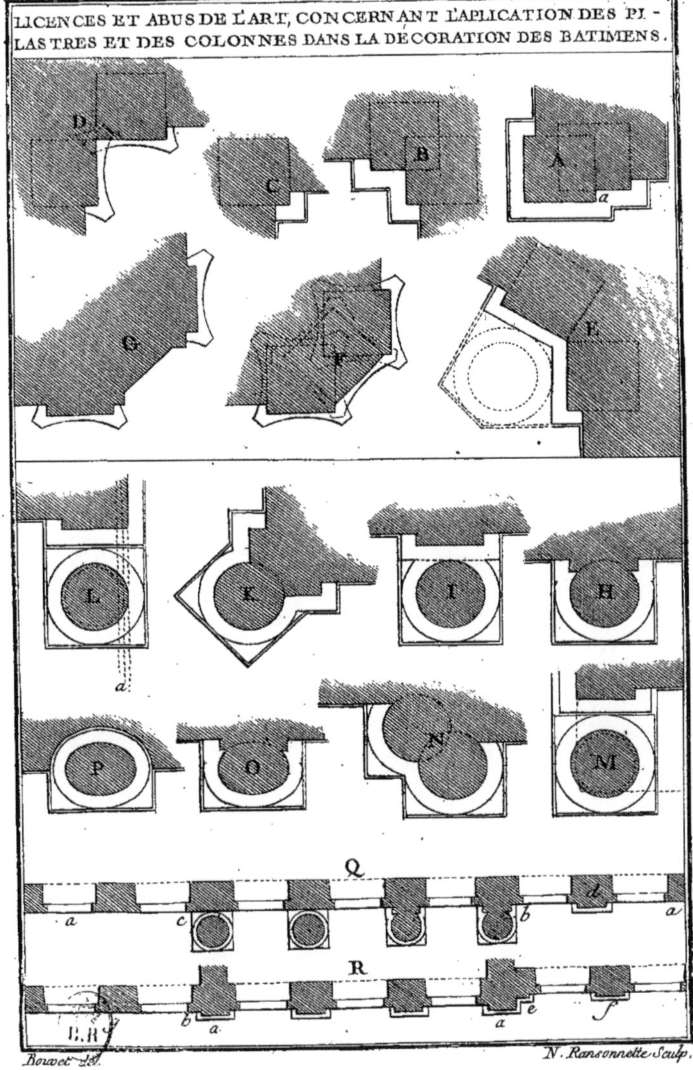

Bouvet del.   N. Ransonnette Sculp.

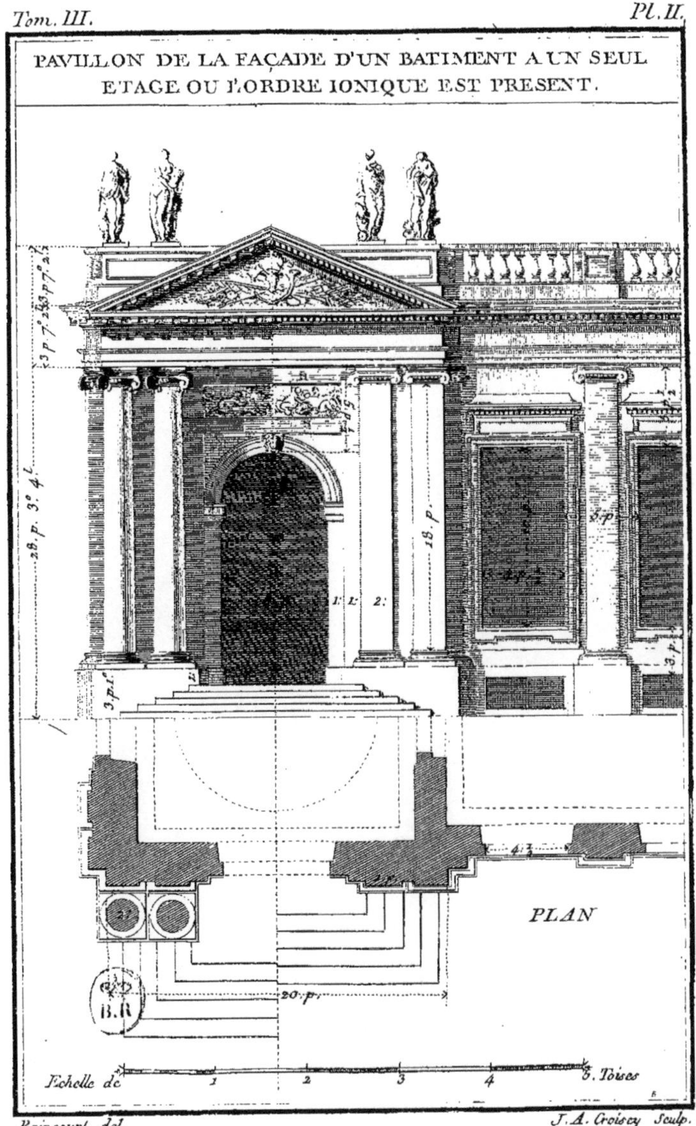

Raincourt del.   J. A. Croissy Sculp.

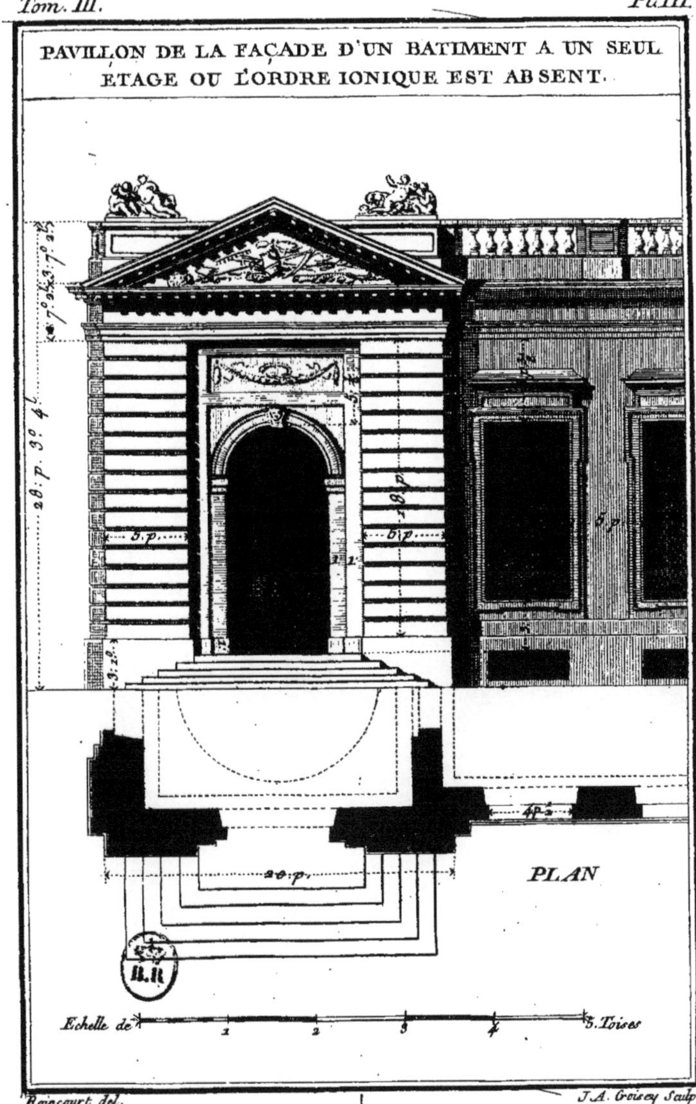

PAVILLON DE LA FAÇADE D'UN BATIMENT A UN SEUL
ETAGE OU L'ORDRE IONIQUE EST ABSENT.
PLAN
Echelle de 1 2 3 4 5 Toises
Raincourt del.
J. A. Goisey Sculp.

AVANT CORPS DE L'UNE DES FAÇADES DE L'INTERIEUR DE LA COUR DU VIEUX
LOUVRE, DU COTE DE LA RUE FROMENTEAU.

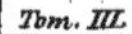

de la Gardette Del.   de la Gardette Sculp.

Six del.   N. Ransonnette Sculp.

AVANT CORPS DE L'ANCIÉNNE FAÇADE DU VIEUX LOUVRE.
du Coté de   la Riviere.

AVANT CORPS DE LA F
B.R
Echelle de
N. Ransonnette del.

FAÇADE DU PERISTYLE DU LOUVRE.
3 Toises
N. Ransonnette Sculp.

PROJET PROPOSÉ POUR

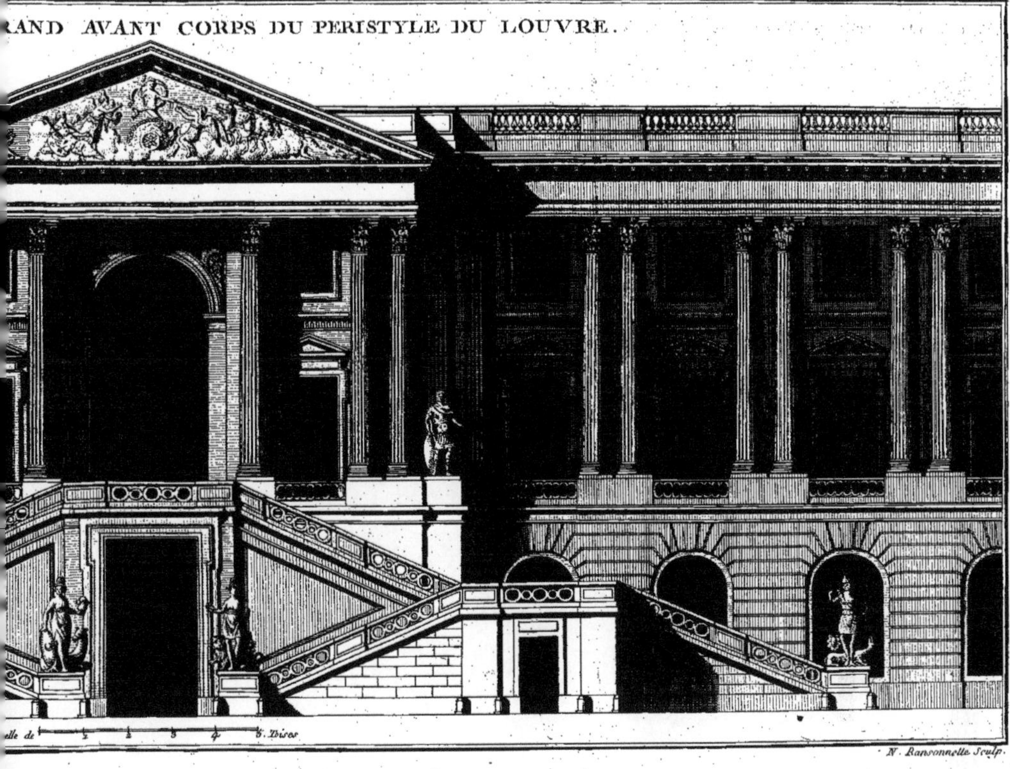

RAND AVANT CORPS DU PERISTYLE DU LOUVRE.
elle de
5. Toise
N. Ransonnette Sculp.

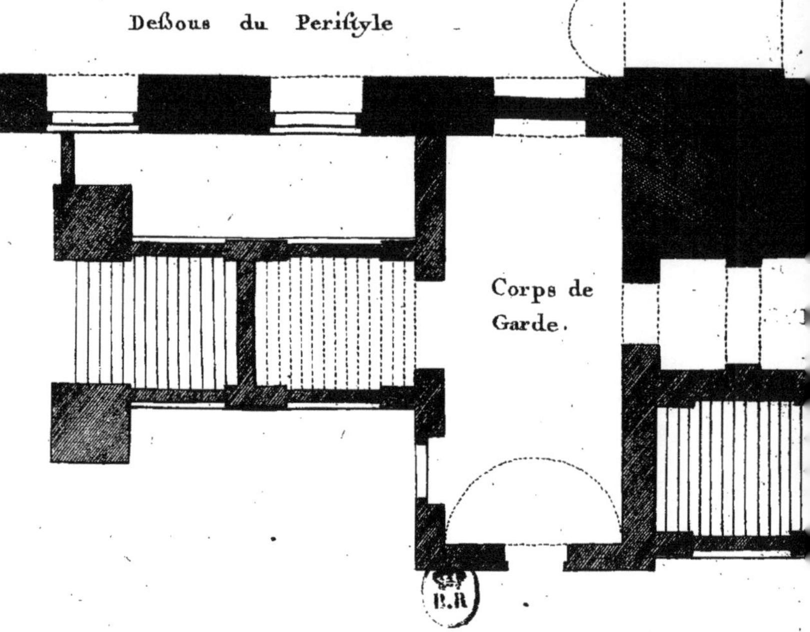

PLANS DU PROJET PROPOSÉ
Deſſous du Periſtyle
Corps de Garde.
PLAN DU SOUBASSEMENT
B.R
Blondel inv.

UR LE GRAND AVANT CORPS DU PERISTYLE DU LOUVRE.

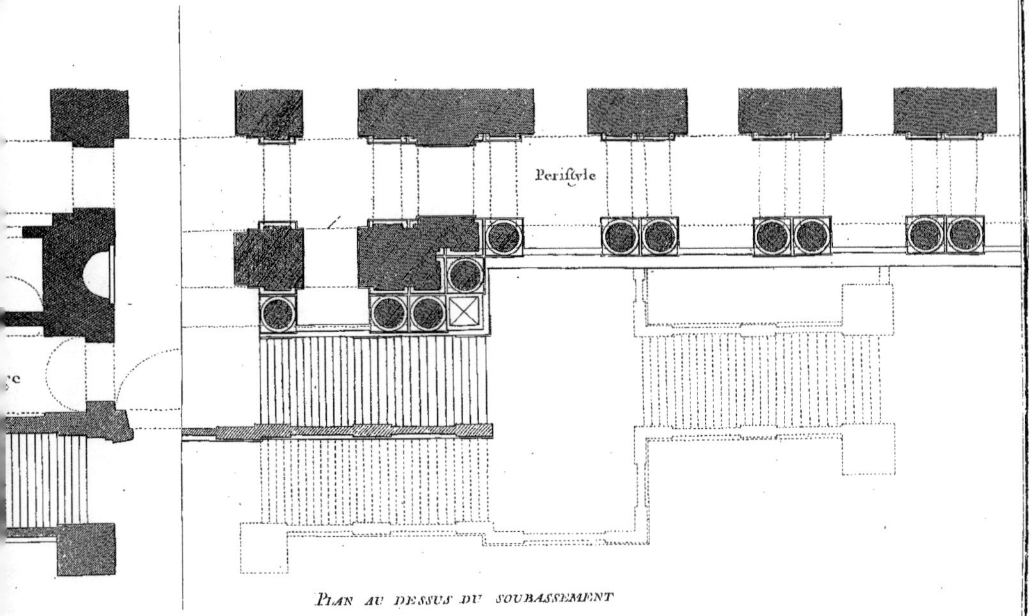

Peristyle

PLAN AU DESSUS DU SOUBASSEMENT

Echelle 1 2 3 4 5 Toises

N. Ransonnette Sculp.

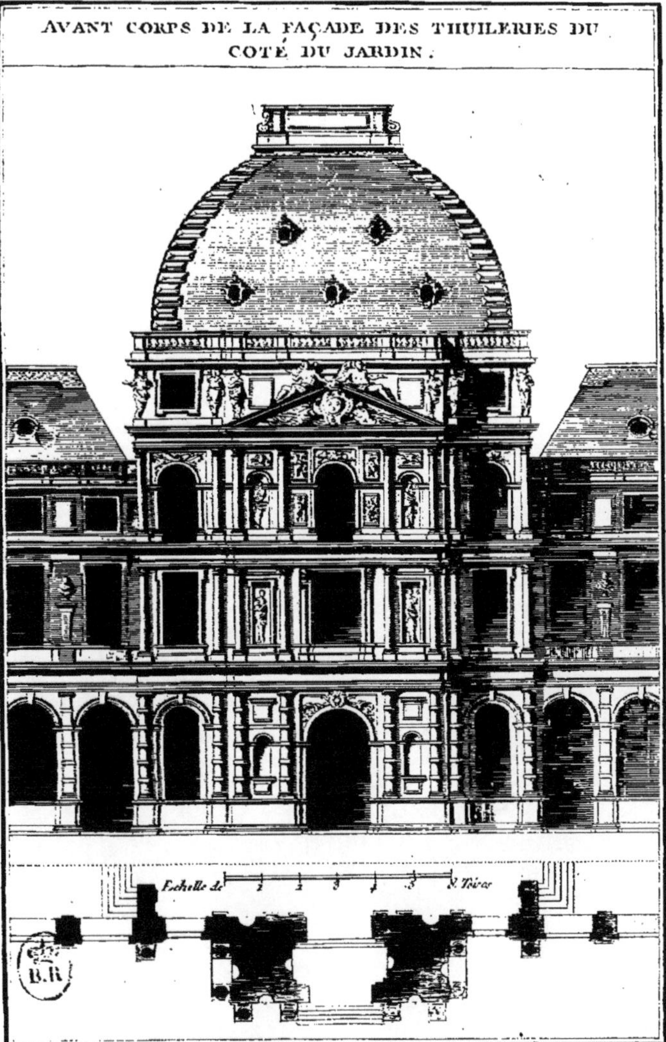

AVANT CORPS DE LA FAÇADE DES THUILERIES DU
COTÉ DU JARDIN.
Echelle de 1 2 3 8 Toises
Sollier del. et Sculp.

Tom. III.
Pl. X.
AVANT CORPS DU   PALAIS DU LUXEMBOURG
DU COTÉ DE LA   RUE DE TOURNON.
Echelle de   1   2   3   4   5   6. Toises
Fournier del.
N. Ransonnette Sculp.

AVANT CORPS DU PALAIS ARCHIEPISCOPAL DE BOURGES.
Plan
Fournier del.
Pelletier Sculp.

Fin. del.   N. Ransonnette Sculp.

N. Ransonnette del.   N. Ransonnette Sculp.

Bouret del.   Boutrois Sculp.

N. Ransonnette del.   N. Ransonnette Sculp.

AVANT CORPS DE LHOTEL. DE SOUBISE DU COTÉ DE LA COUR.
P.L. Cor del.
P.L. Cor Sculp.

PAVILLON D'UNE DES EXTREMITES DE LA FACADE.
DE L'HOTEL DE CARNAVALET.
Echelle de 1 2 3 Toises.
Fournera del.
Pelletier Sculp.

AVANT CORPS DE LA FAÇADE, DE L'HOTEL DE NOAILLES,
DU COTÉ DU JARDIN.
Michelinot del.
et Sculp.

AVANT CORPS DE L'ANCIEN HÔTEL D'EVREUX DU COTÉ
DE LA COUR.

FAÇADE DE LA PORTE DU FAUXBOURG DU PEUPLE A ROME,
DU DESSIN DE MICHEL-ANGE.
Echelle de 1 2 3 4 5 6 Pieds
Sellier del. et Sculp.

Sellier del.

Sellier Sculp.

Sellier del.   Sellier Sculp.

PORTE DE L'HOTEL DE TOULOUSE.
Echelle de 1 2 3 4 5 6 7 8 Pieds
Le Grand del.
Michelinot Sculp.

PORTE DE L'HOTEL DE SOUBISE.
Echelle de
1
2
3
4. Toises
Boutrois Sculp.
M.elle Cauchois del

PORTE DU SEMINAIRE DE BOURGES EXECUTÉE SUR LES
DESSINS DE M.R FRANQUE ARCHITECTE DU ROI.
Echelle de   1   2   3   4. Toises
Fournera del.   Croisey Sculp.

N. Ransonnette del.   N. Ransonnette Sculp.

Bouchet del.   J.A. Goisey Sculp.

CROISÉE DU I.er ETAGE DU PALAIS DES CONSERVATEURS
A ROME, DU DESSIN DE MICHEL ANGE.
Profil
Plan.
Echelle de   1   2   3   4   5   pieds
Sellier del. et Sculp

Tom. III.
Pl. XXIX.
CROISEE PUISEE D'APRES LES EDIFICES DE ROME.
Profil
Plan.
Echelle de   1   2   3   4   5   6. Pieds
Hibon del.
P.L. Cor Sculp.

Heln del.   P. L. Cre. Sculp.

CROISÉE PUISÉE D'APRÈS LES ÉDIFICES DE ROME.
Profil
Plan
Echelle de 1 2 3 4 5. Pieds.
B.R
Helin del.
P.L. cor Sculp.

CROISÉE TOSCANE AU REZ DE CHAUSSÉE DU LUXEMBOURG.

Bouvet del.   N. Ransonnette Sculp

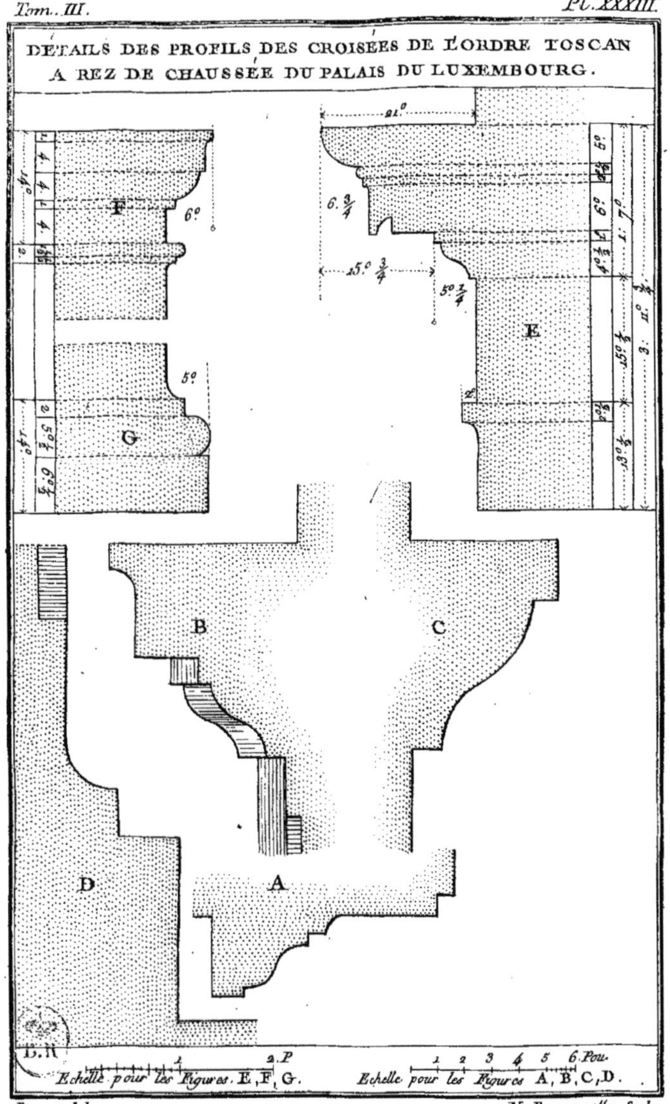
DÉTAILS DES PROFILS DES CROISÉES DE L'ORDRE TOSCAN
A REZ DE CHAUSSÉE DU PALAIS DU LUXEMBOURG.
F
G
E
B
C
D
A
Echelle pour les Figures E, F, G.
Echelle pour les Figures A, B, C, D.
Bouvet del.
N. Ransonnette Sculp.

Bouvet del.   *N. Ransonnette Sculp.*

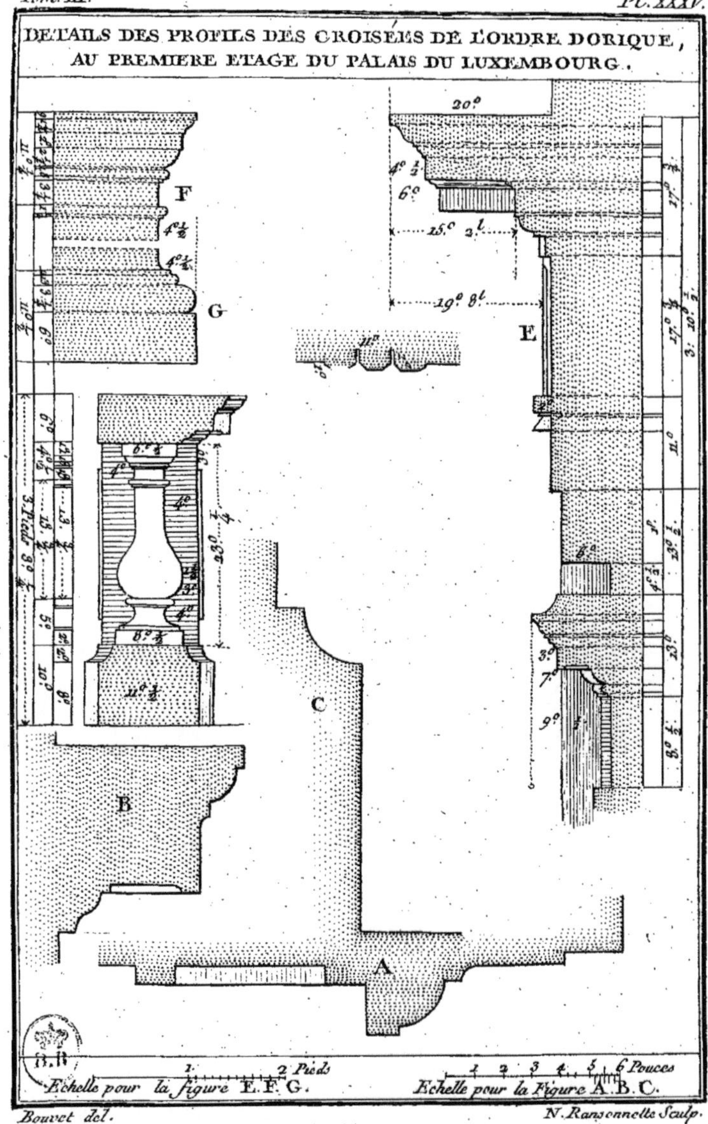
DETAILS DES PROFILS DES CROISÉES DE L'ORDRE DORIQUE,
AU PREMIERE ETAGE DU PALAIS DU LUXEMBOURG.
F
G
E
B
C
A
Echelle pour la figure E.F.G.
Echelle pour la Figure A.B.C.
2 Pieds
6 Pouces
Bouvet del.
N. Ransonnette Sculp.

CROISÉE DU PREMIER ÉTAGE DE L'UNE DES FAÇADES
DE LA COUR DU VIEUX LOUVRE.

le Roi del.

le Roi Sculp.

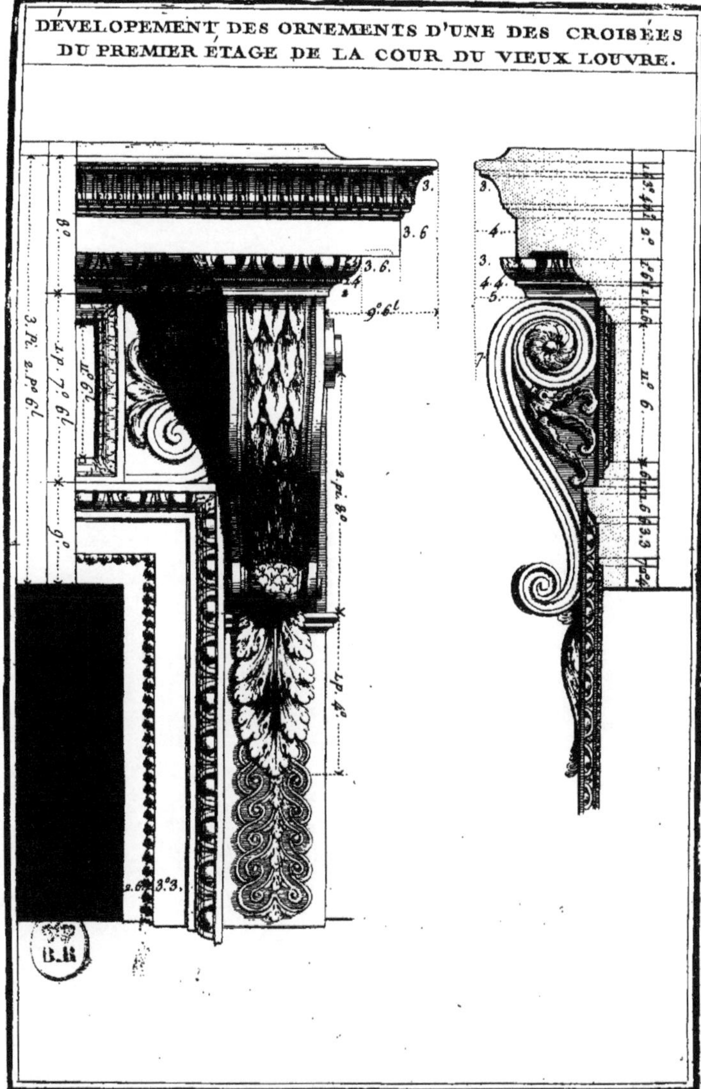

le Roy del.   le Roi Sculp.

le Roy del.   le Roy Sculp.

DÉVELOPEMENT DES ORNEMENTS DE L'UNE DES CROISÉES DU PERISTYLE DU LOUVRE.

NICHES DE L'INTERIEUR DE LA COUR DU VIEUX LOUVRE.
A
B
C
B.R
Echelle de 1 2 3 4 5 6 12. Pieds
Coutelty del.
N. Ransonnette Sculp.

NICHES DU CHATEAU DE MAISONS ET DU CHATEAU DE CLAGNY.

A   A

B   B

Tournon del.   N. Ransonnette Sculp.

PROPORTION DES BALUSTRADES.

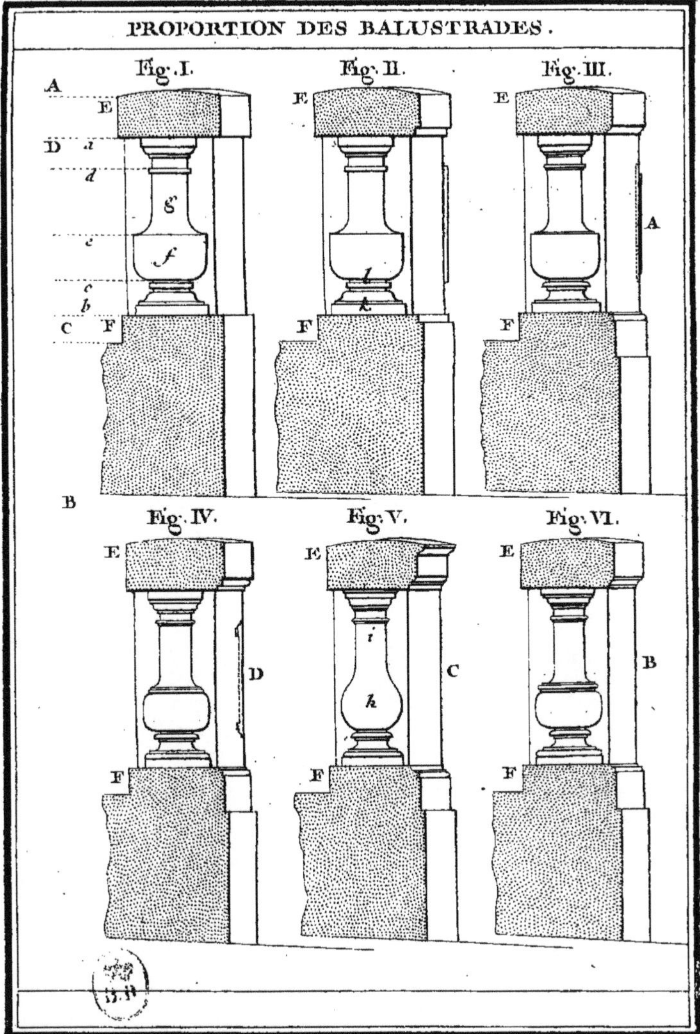

Bernard del.   Ransonnette Sculp.

le Roy del. et Sculp.

DIVERS BALUSTRES ET ENTRELAS.

le Roy del. et Sculp.

PROPORTION DES FRONTONS.

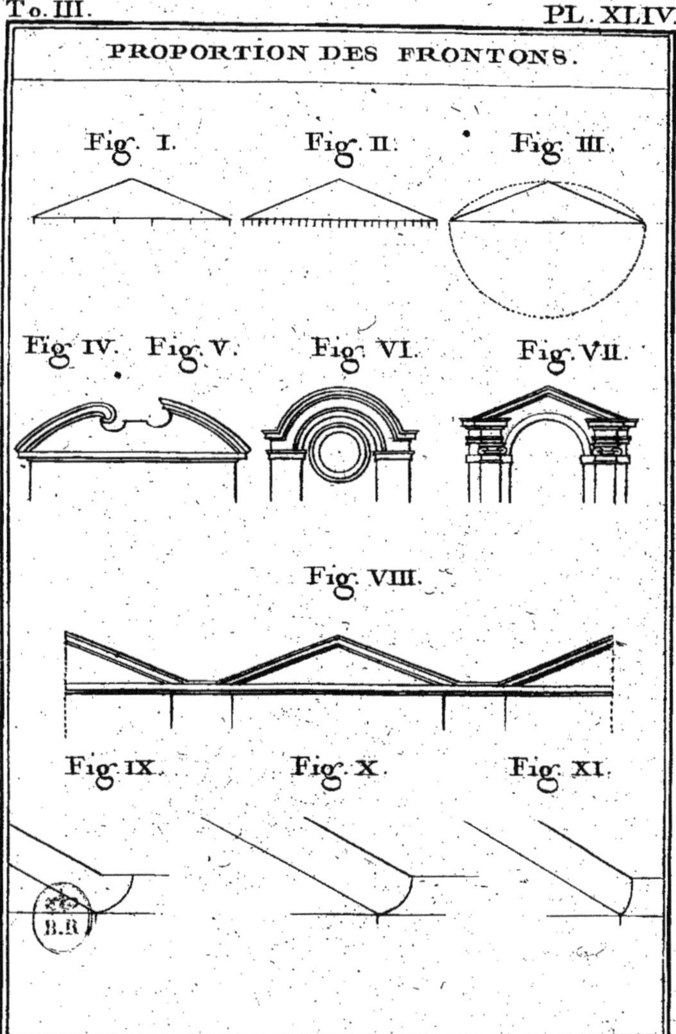

Cauchois del. et Sculp.

ORNEMENTS POUR LES TYMPANS DES FRONTONS.

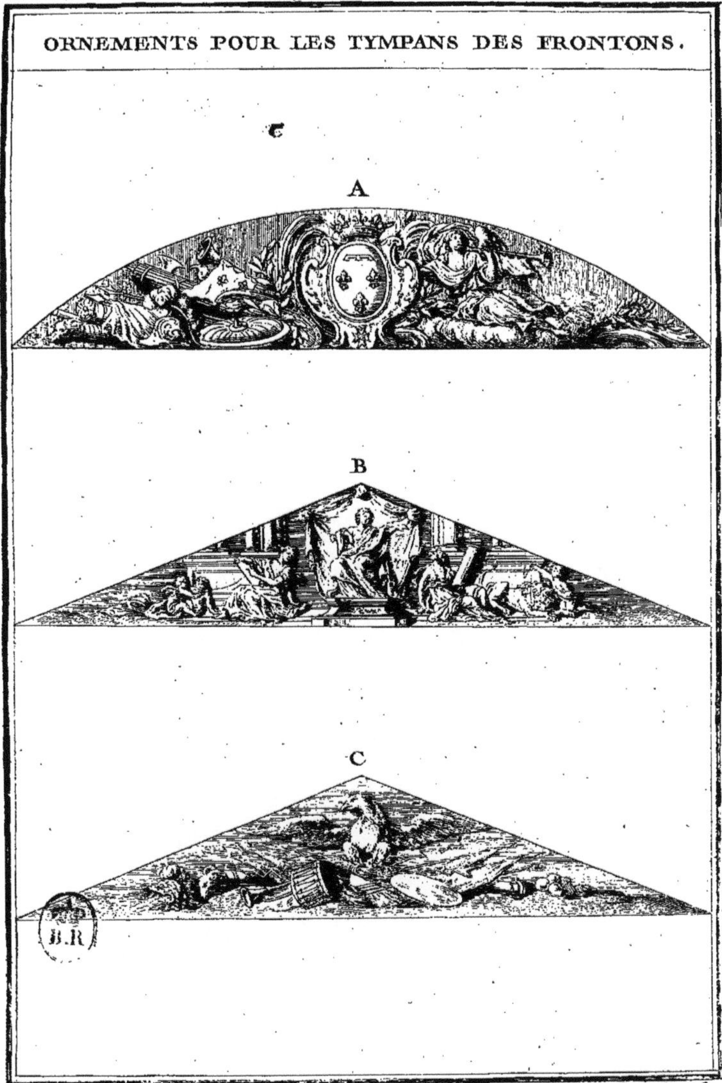

le Roy del.   le Roi Sculp.

ORNEMENTS POUR LES FRONTONS.

le Roy del.   Le Roy Sculp.

AMORTISSEMENTS POUR LA DECORATION DES BATIMENTS

le Roy del.   le Roy Sculp.

Sellier del. et Sculpsit.

DIVERS DESSINS D'ENTRECOLONNEMENTS.
A
B
Echelle de 12 P.ds et de 8 Modul.
Echelle de 12 P.ds et 8 Modules
Micholinet del.
et Sculp.

DIVERS DESSINS D'ENTRECOLONNEMENTS.

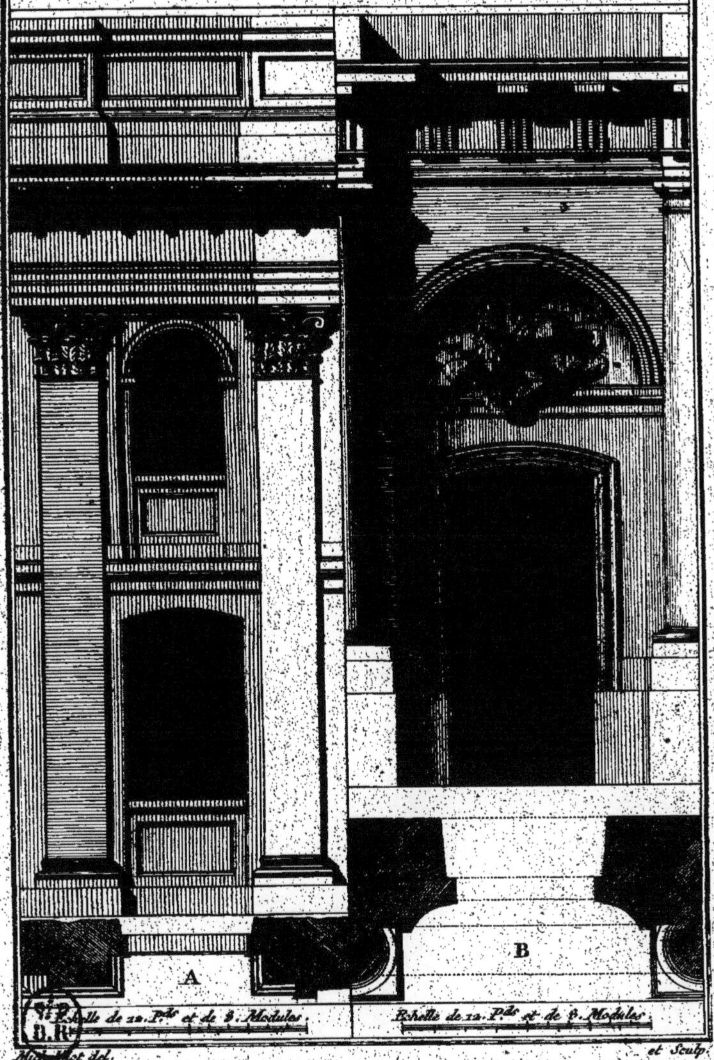

…NIERE DE PARVENIR, A CONNOITRE LA DIFFERENCE QU'ON DOIT OBSERVER DANS LES BÂTIMENS, ENTRE LES HAUTEURS RÉELES DES CORPS ET LES HAUTEURS, APPARENTES.

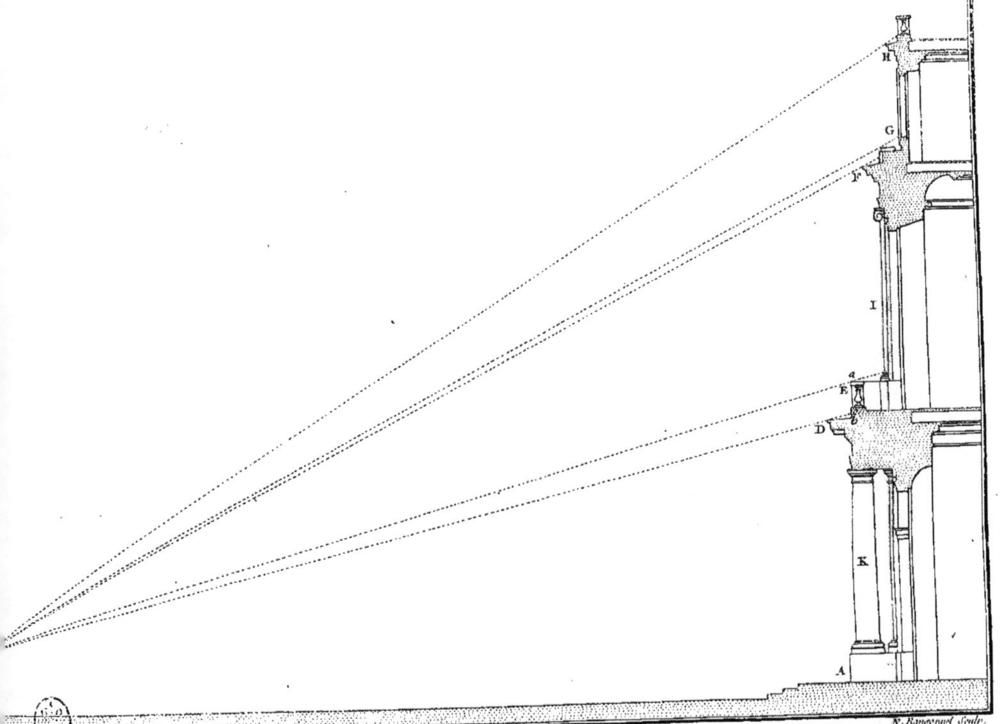

N. Ransonnet Sculp.

Tom.III.
Pl.LII.
FRONTISPICE DE L'EGLISE DU VAL DE GRACE.
Michelinot del.
et Sculp.

PROJE

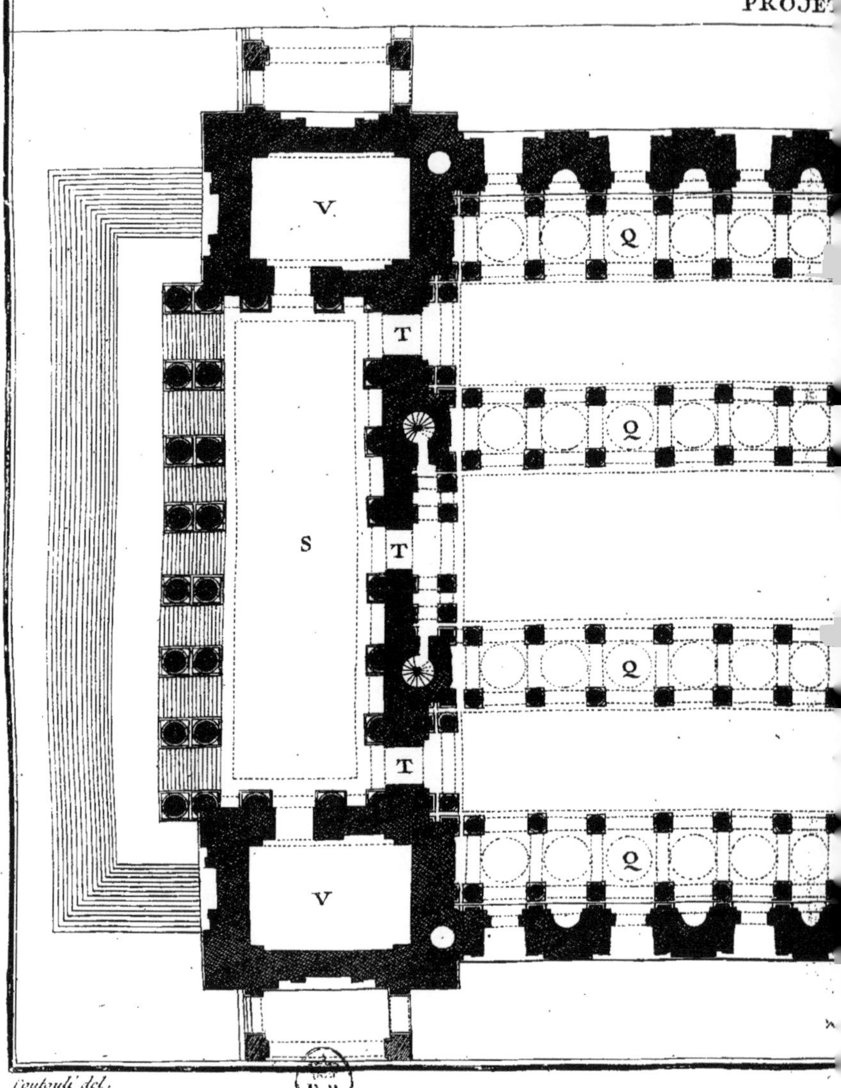

V

Q

T

T

S

Q

T

V

Q

Coutouli del.

PLAN D'UNE EGLISE CATHEDRALE.

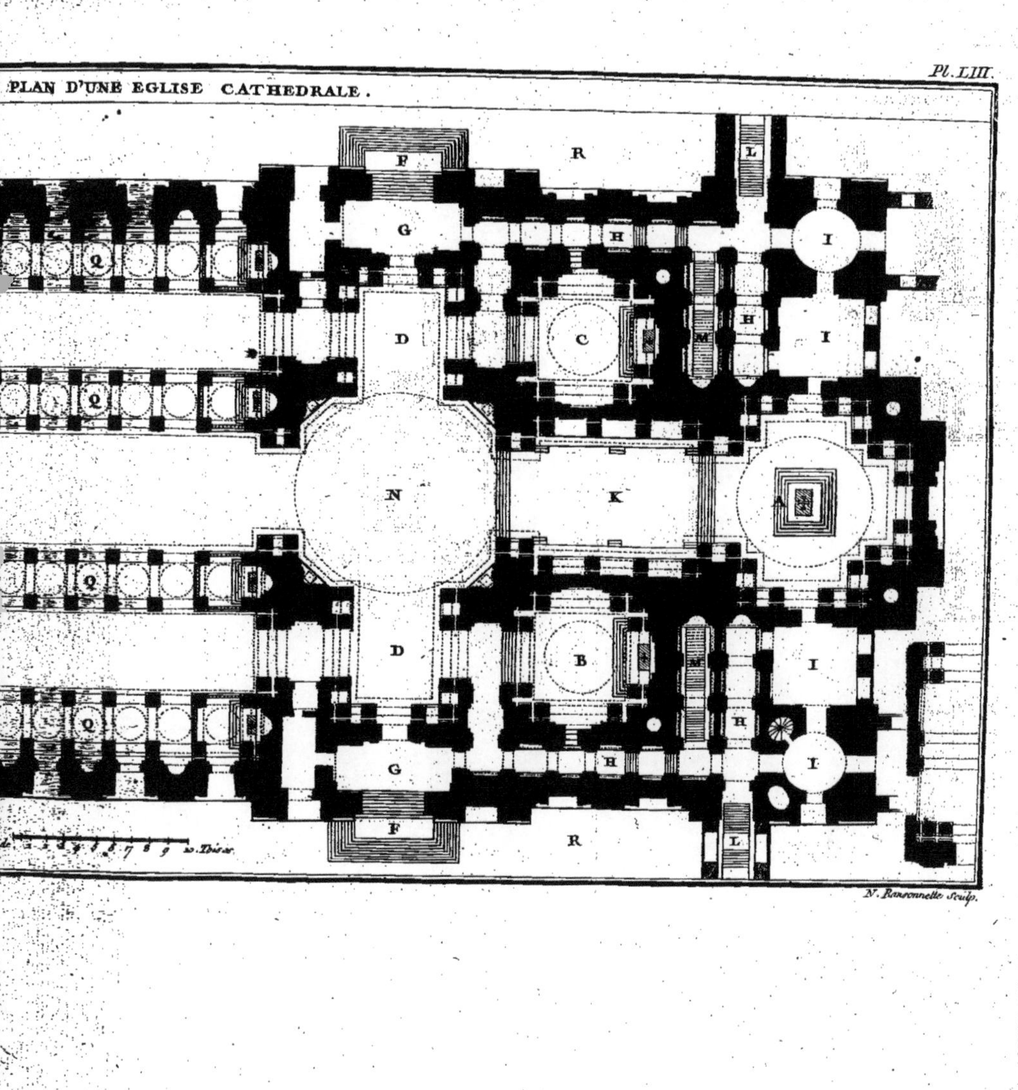

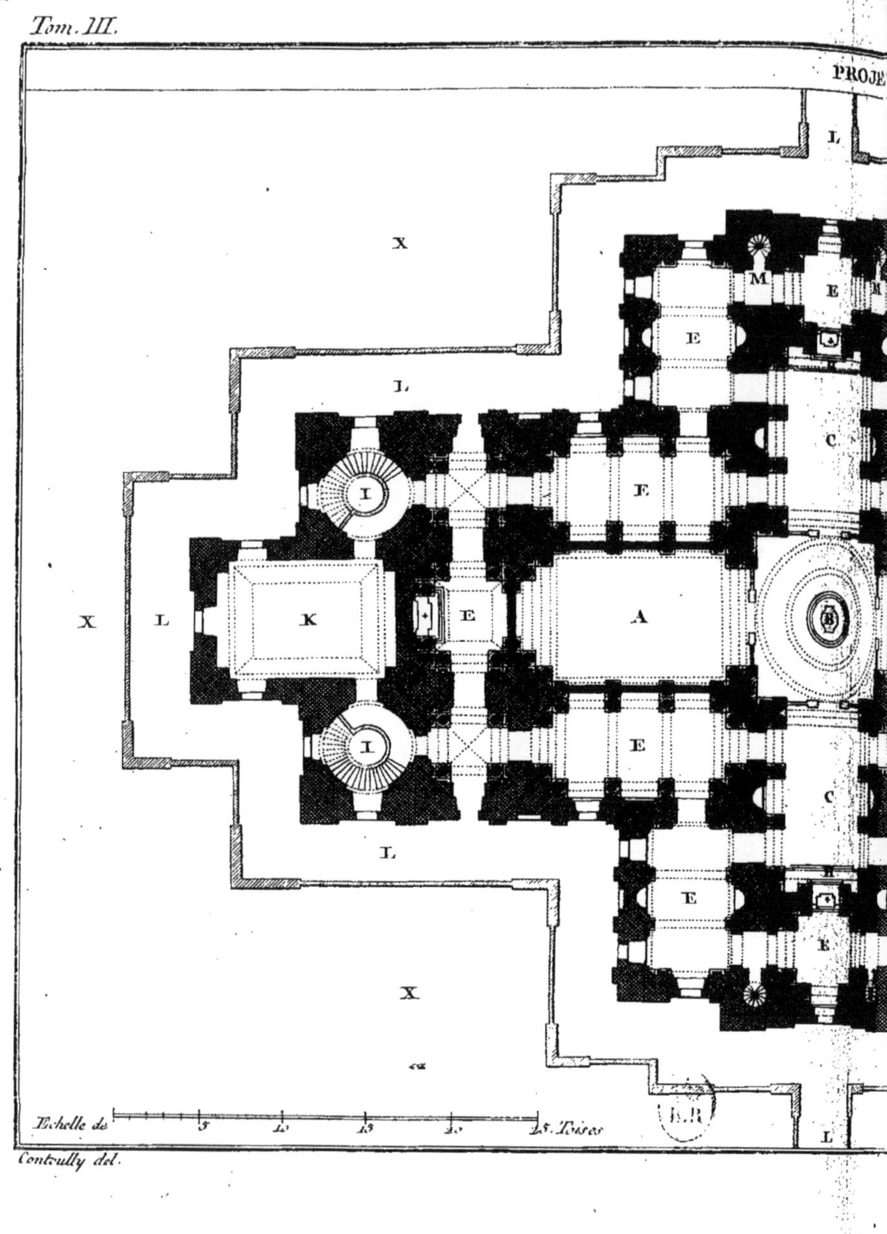

PROJE
X
L
M
E
M
E
E
C
I
E
A
E
X
L
K
E
I
C
X
E
E
P.R
L
Echelle de   5   10   15   20   25 Toises
Contrully del.

DU PLAN D'UNE EGLISE PAROISSIALE.

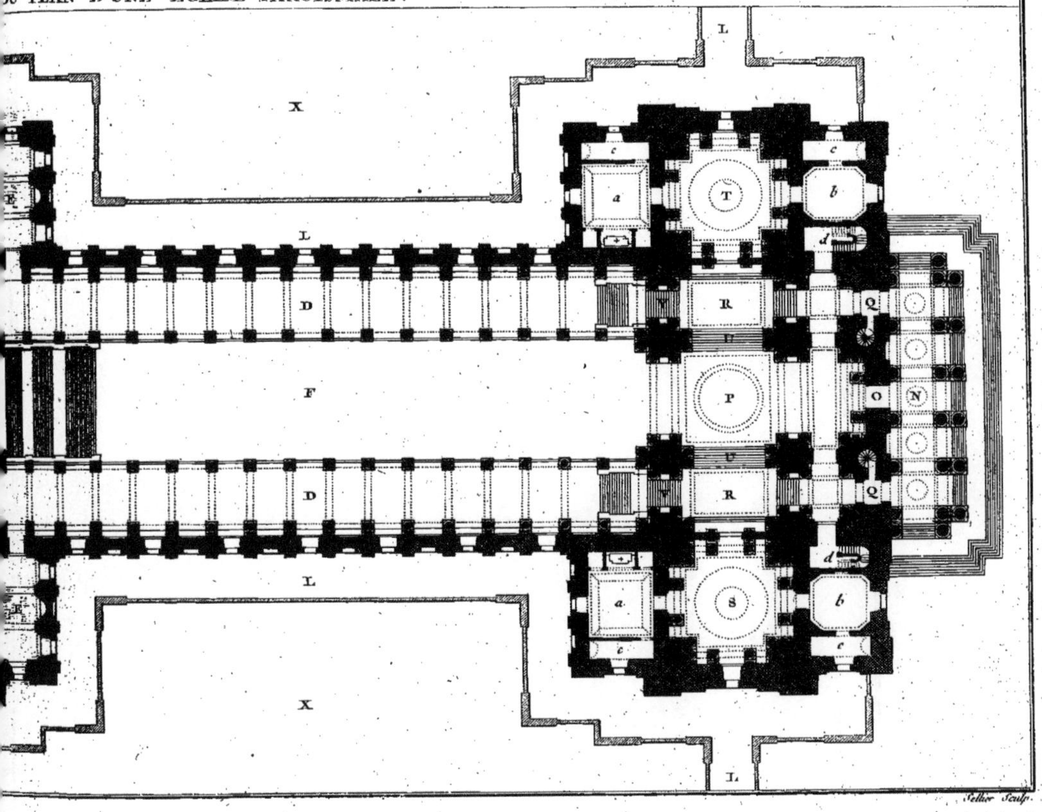

Place
de
St.
Nicolas.

Renvois du Plan général.
a. Masse de l'Eglise.
b. Place St Nicolas.
c. Cour abbatiale.
d. Ancien bâtiment occupé
par l'abbé comandataire.
e. Cour et bâtiment
des Etrangers.
f. Cloître entouré de
bâtimens des Relig
g. Basse cour.
h. Cour à fumier.
i. Jardin de la mais
abbatiale.
k. Jardins communs.

E
M
A
B
E
N
N

PLAN
d'une Eglise Abba
et Conventuelle
de la composition
l'Auteur.

Echelle de   1   2   3   4   5

Coutouly del.

B.R

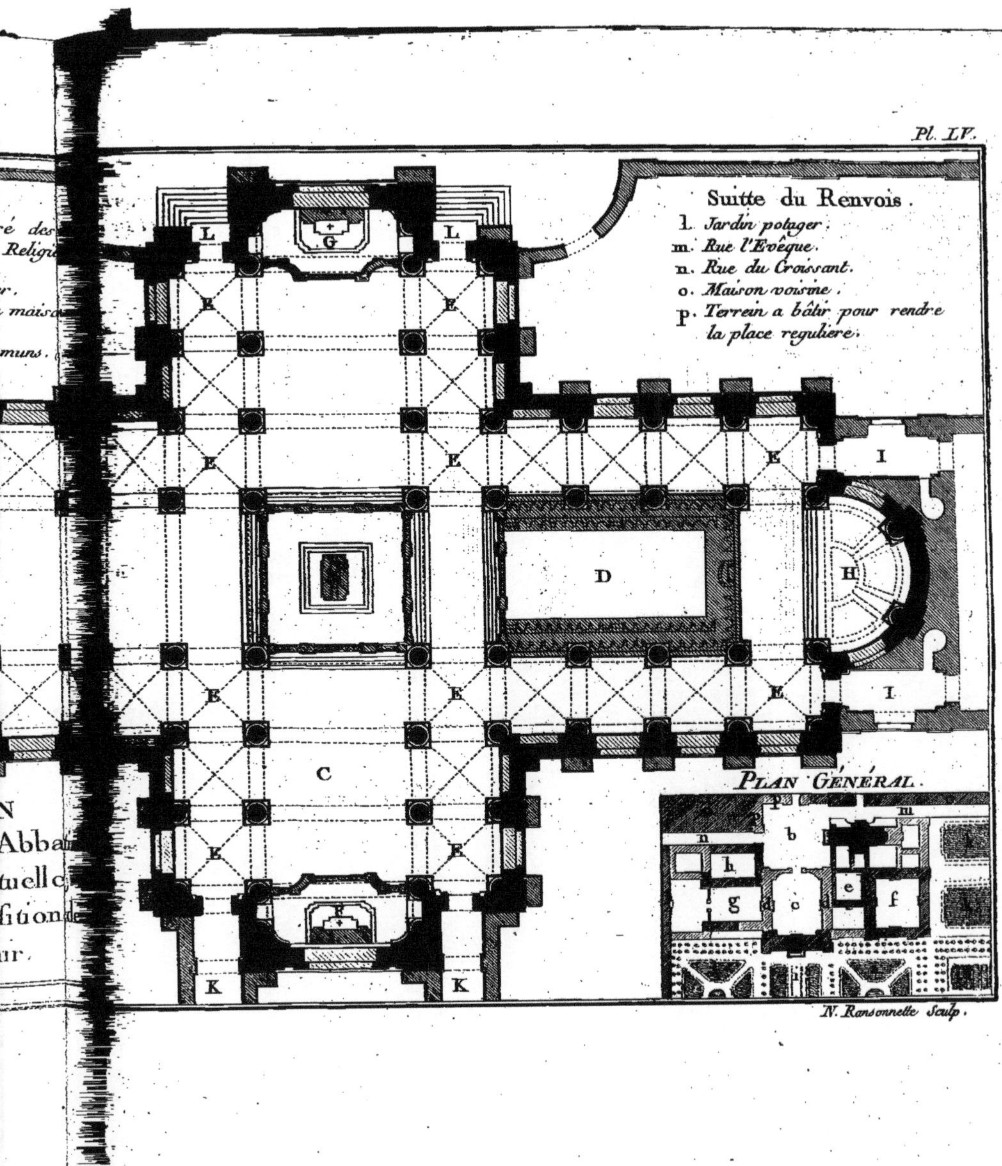
Pl. LV.
Suitte du Renvois.
l. Jardin potager.
m. Rue l'Evêque.
n. Rue du Croissant.
o. Maison voisine.
p. Terrein a bâtir pour rendre la place reguliere.
PLAN GÉNÉRAL.
N. Ransonnette Sculp.

Elévation du Frontispice d'une Eglise conventuelle,
de la composition de l'Auteur.

Deuxieme Elevation du Frontispice d'une Eglise
conventuelle de la ✝ composition de l'Auteur.

Sonnard del.

Croissy Sculp.

COUPE PRISE SUR L...

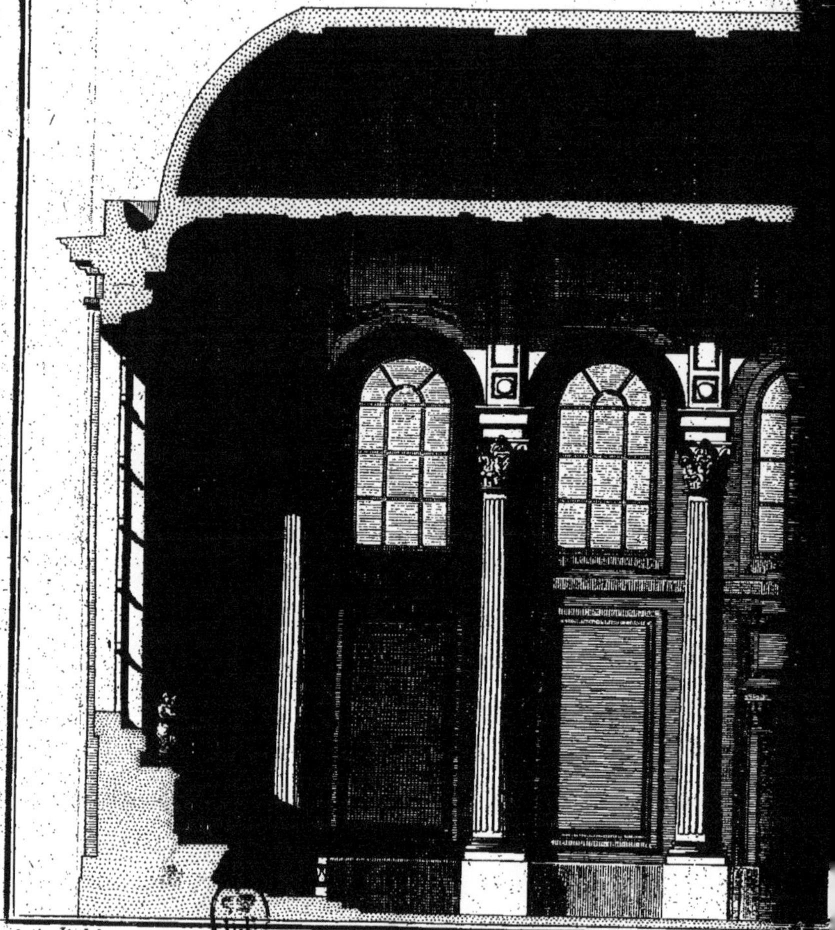

Coutouli del.

Echelle de...

GEUR
DE LA CROISÉE DE L'ÉGLISE.
Pl. LVIII.
Croisey Sculp.

Tom. III.
Coutouli del.
Rebelle sc.

COUPE PRISE SUR LA   LONGUEUR DE L'EGLISE.
Croisey Sculp.

Tom. I.

Coutouli

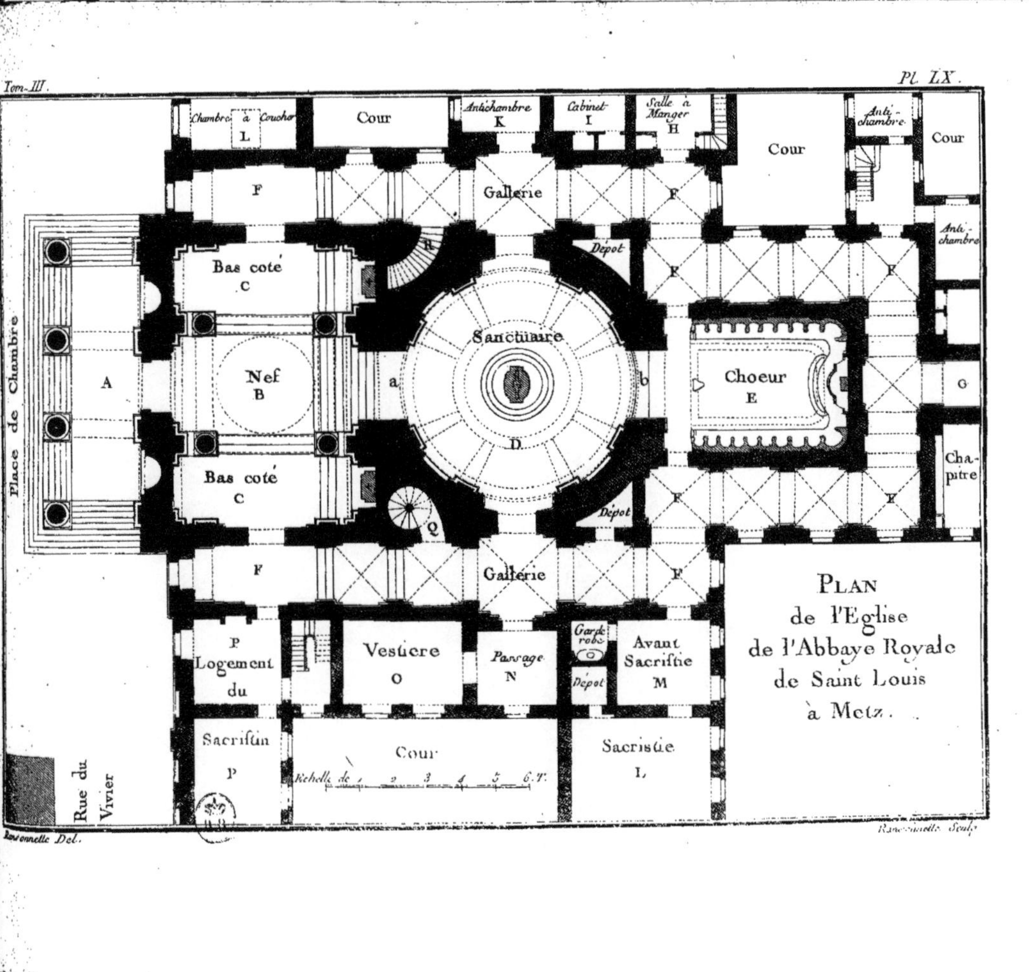
Place de Chambre
Rue du Vivier
Chambre à Coucher
L
Cour
Antichambre
K
Cabinet
I
Salle à Manger
H
Anti-chambre
Cour
Cour
F
Gallerie
F
Anti-chambre
Bas coté
C
Dépot
Sanctuaire
Choeur
E
G
A
Nef
B
a
D
b
Cha-pitre
Bas coté
C
Dépot
Q
F
Gallerie
F
F
P
Logement
du
Sacristin
P
Vestiaire
O
Passage
N
Garde
robe
Dépot
Avant
Sacristie
M
Cour
Echelle de 1 2 3 4 5 6 T.
Sacristie
L
Plan
de l'Eglise
de l'Abbaye Royale
de Saint Louis
à Metz.
Ravennelle Del.
Ransonnette Sculp.

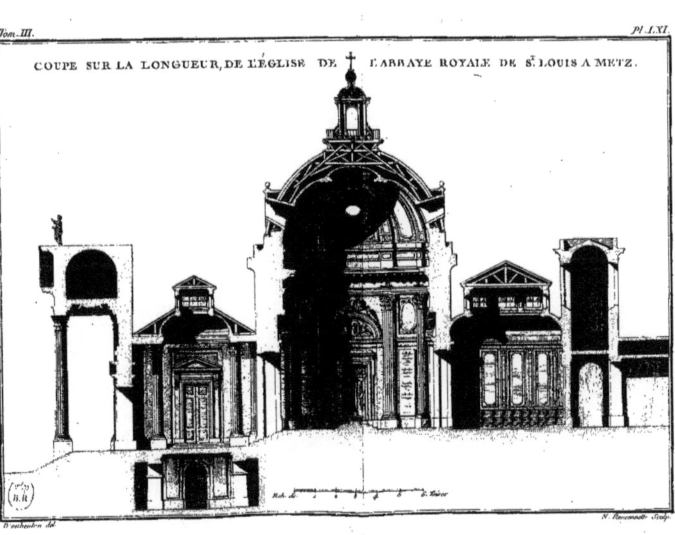

Tom. III.
Pl. LXI.
COUPE SUR LA LONGUEUR, DE L'ÉGLISE DE L'ABBAYE ROYALE DE S.T LOUIS A METZ.
B.R.
Éch.
É. Toises
Boullanger del.
N. Ransonnette Sculp.

FAÇADE DU PALAIS DU CARDINAL D'EST, ELEVE SUR LES DESSINS DE JACQUES DE LA PORTE.

FAÇADE DU PALAIS D'ASTI ÉLEVÉ SUR LES DESSINS DE JEAN ANTOINE DE ROSSI.

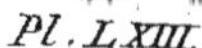

FAÇADE DE PALAIS DU DUC MATTEI, ELEVÉ SUR LES DESSINS DE CHARLES MADERNE.

ELEVÉ SUR LES DESSINS DU CAVALIER JEAN LAURENT BERNIN.

Sellier delineavit. et Sculpsit.
Echelle de

Tom. III.
FAÇADE DU VIEUX LOUVRE, DU DESSIN DU CAVALIER BERNIN, TELLE QU'ELLE DEVOIT ÊTRE EXECUTÉE D...
N. Ransonnette del et Sculp.

DU COTÉ DE S.^T GERMAIN L'AUXERROIS, AVANT QUE LES PROJETS DE CLAUDE PERRAULT FUSSENT ACCEPTÉS.

III.
...NCIENNEMENT PROJETTÉE PAR JEAN MAROT ARCHITE...
J. Ransonnette del.

ET ... POUR LA FAÇADE DU LOUVRE, DU COTÉ DE S.T GERMAIN L'AUXERROIS.

N. Ransonnette Sculp.

FAÇADE DU COTÉ DE LA COUR DU CHATEAU DE VA

N. Ransonnette del.

Echelle de

VAUX LE VICOMTE, ELEVÉ SUR LES DESSINS DE LOUIS LE VEAU ARCHITECTE DU ROY.

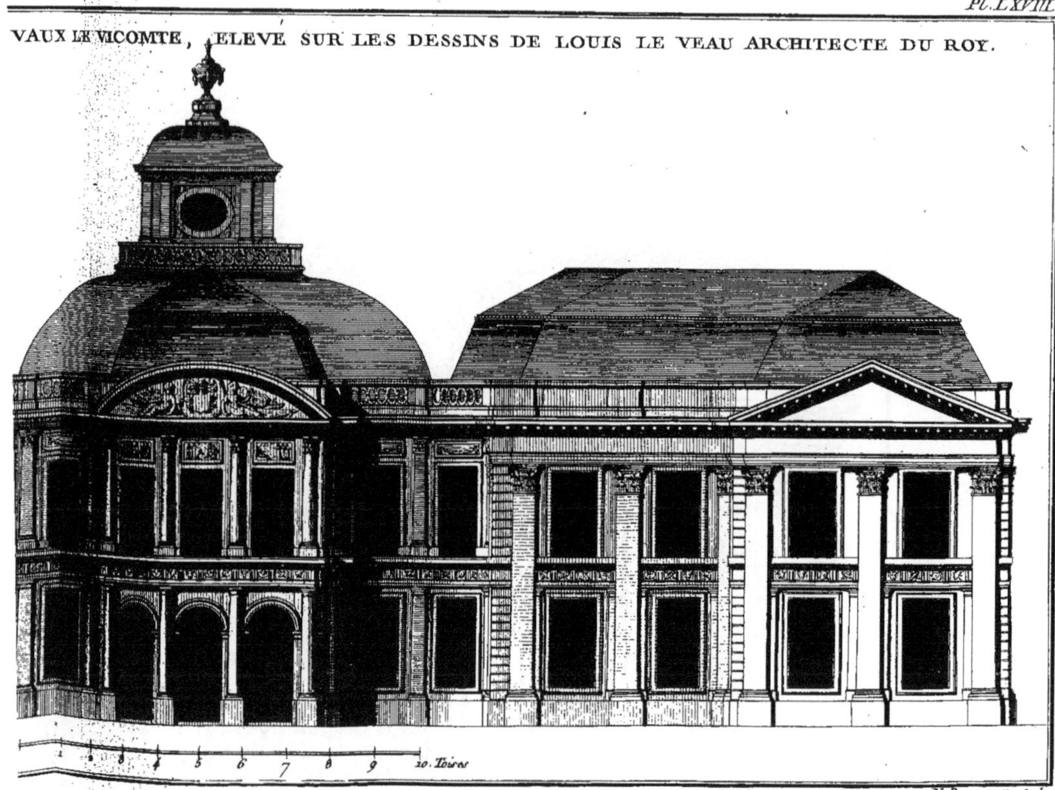

N. Ransonnette Sculp.

ÉLÉVATION DE L'HOTEL DE BEAUVAIS, DU COTÉ DE LA RUE SAINT ANTOINE.

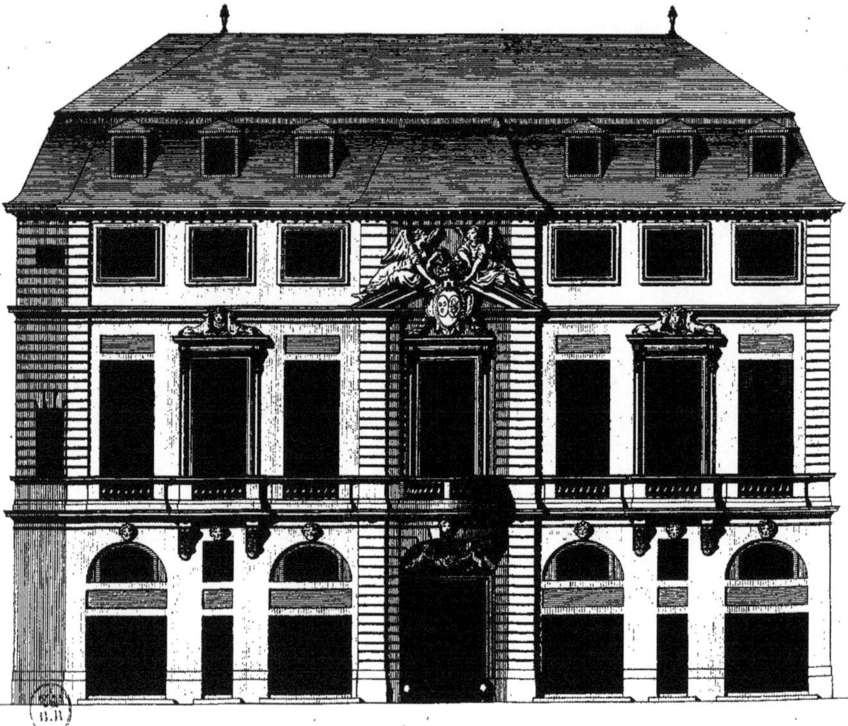

Michelinot del. et Sculp.

AVANT CORPS DE L'ANCIEN HOTEL DE MONBAZON.
B.R
Echelle de   1   2   3   4. Toises

FAÇADE D'UNE MAISON PARTICULIERE, RUE DU COQ ST. HONORÉ.
Ferran del.
Cne. Haussard Sculp.

FAÇADES DE MAISONS PARTICULIERES.
Fig. I.
Fig. II.
Laplanche del.
Sellier Sculp

FAÇADES DE MAISONS PARTICULIERES.

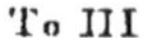

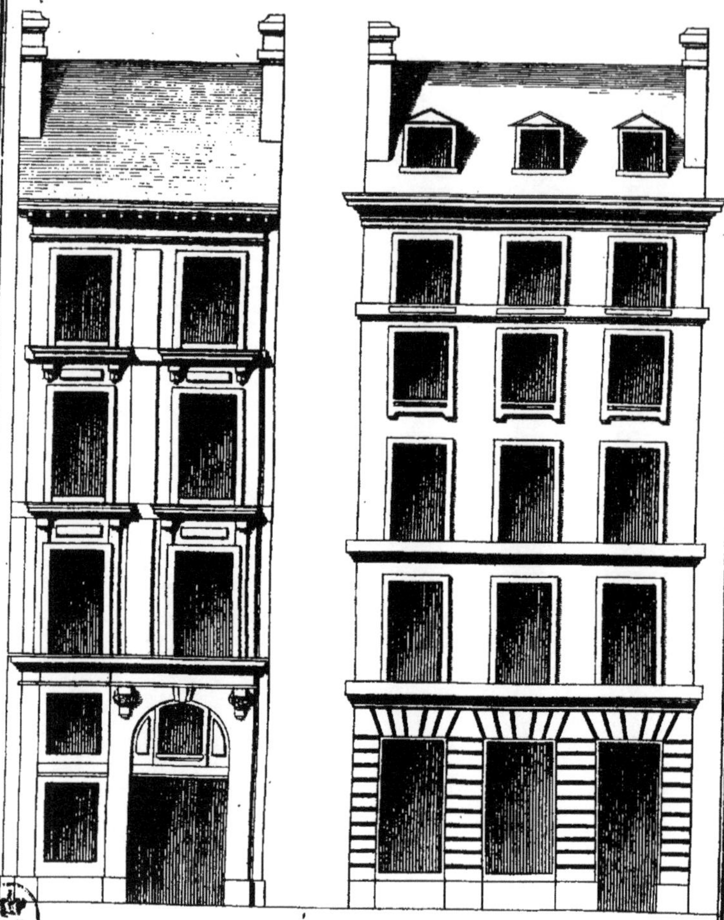

Fig. I. Fig. II.

Laplanche del. Sellier Sculp.

9 782013 709552